A fáklya

Minden ember egyedi és különleges, óriás a saját világának közepén, aki példát mutat.

Rajcsik Zoltán
2017
Publio Kiadó
www.publio.hu
Minden jog fenntartva!
Korrektor: Vörös Eszter

Köszönetnyilvánítás

A vers mindig egy belső utazás. Köszönettel tartozom Szilágyi Istvánnak és Badar Ágnesnek, akik a MediBall segítségével egy különleges utazásra indítottak. Köszönöm a mediballozóknak a folyamatos inspirációt.

Ajánló

„A legmélyebb tisztelettel és szeretettel ajánlom Rajcsik Zoltán igaz érzésekkel megfogalmazott verssorait, gondolatait! Zoli kitartása, töretlen szorgalma, MediBall gyakorlása álljon követendő példaként minden útkereső számára. Olvasván a tiszta szavakat egy olyan világ tárul elénk, mely segít minket közelebb kerülni szellemi önvalónkhoz, hogy végül keresőből – ahogy mesterünk, Szilágyi István tanítja – találó emberekké válhassunk végre. Köszönöm, Zoli!"
    Király Gabriella
    mozgásterapeuta

A szerző előszava

Minden ember különleges, egyedi. Egy óriás a maga univerzumában, aki példát mutat. A kötetben szereplő versek benyomások, érzések következményei. Eredetileg nem állt szándékomban könyvbe szerkeszteni, de sokan jelezték, hogy ők is hasonlót tapasztaltak, csak nem tudják így megfogalmazni. Megyek az utamon, ami csak az enyém, más nem mehet rajta, csak mellette. Így, kedves olvasó, egy utazásra hívlak. Tarts velem egy belső útra: érezz, gondolkodj – nem kell ugyanúgy, mint én –, ha hangom a lelkedben egy hangot megpendített, akkor már van miről beszélnünk. A kötet gerincét a MediBall-versek képezik. A MediBall egy különleges mozgásforma, egy mozgásos meditáció, mely egyensúlyt teremt test és lélek között. Minél mélyebbre szállsz magadba, annál magasabbra tudsz biztonsággal szárnyalni. Jöjj velem, mutatom az utam, leszek a fáklya.

Haikuk...

Gondolat

Más gondolata
Átsuhan rajtad is, ha
tiéd a magja.

Merre?

Emlék a tegnap,
Tudd, honnan hová tartasz,
Hogy legyen holnap.

Csend

Ha belül van rend,
Akkor elül a zsivaj,
Ízes a csend.

Évszakok

Zordon fagy aggaszt,
meleg szobában fázol,
várod a tavaszt.

Álmából riad,
rügyezik fű, fa, virág,
mindenki vigad.

Zamatos ízt ad,
fűszerillattal bódít
az éltető nap.

Vetkőznek a fák,
színesre cserélik a
nyári zöld ruhát.

Érzés

Csendes a felszín,
Háborog lenn a mélység,
Feltör az érzés.

Szülő

Ha nincs már szülőd,
Nem leszel többé gyerek.
Míg él, becsüld őt.

Bölcs

Ne csak nézz, de láss!
Nem a kor tesz bölcsebbé,
a tapasztalás.

Élet

Mert élni félek,
hát csendben, magányosan,
egyedül élek

Mozog

Érzem, hogy mozog,
Aprócska, pici dolog,
Azt hittem, nem fog.

MediBall-versek

MediBall

Mozgatod magad!
Erőfeszítés nélkül
Dolgoznak keményen
Izmaid.
Beleremeg talpad,
Alakod szépül,
Labdázol serényen,
Lágyan ringnak lábaid.

MediBall 2

Szabadon szárnyalok,
Energiával töltődöm.
Rám talál a nyugalom,
Elröpül a gondom.
Tengelyem tart,
Ellazulva mozgok.
Működik a radar.

Antenna vagyok.

Mozdulataim légiesek,
Erőt sugárzom.
Dinamikus vagyok
Izmaim fesztelenek.
Betöltöm a teret,
Akadály nem zavar.
Látom, mi a szemnek takart.
Lélegzem.
Teletölt az öröm.

Titok

Varázslóképzőt működtet a mester,
Mozgása már-már éteri.
Elárulja, a titkot hogy lesd el.
S amit csinál, az nagyon is emberi.

Ismerd a tested és mozgasd az egészet,
Sok kicsi teszi ki a teljes egészet.
Használd a tengelyt és azon keresztül láss,
Nem a kor tesz bölcsebbé, a tapasztalás.

Hiszem és értem, de amíg megcsinálom, sok munka
Néha sírás kerülget, küzdök, de az ember mégsem unja,
Mert közben felfedezésre vár sok csoda és harmónia.
Látni a szem számára láthatatlant: ez a titka.

Kőkapu

Kőkapu a csend hona,
Ide nem hallik a város zaja,
A patak hangja nyugtató,
Reggel ébreszt, este altató

Feljössz és lent hagyod gondod,
Tanulsz és teszed a dolgod.
Megismered magad,
A jókedv és vidámság mindenkire ragad.

Ezt egy életen át kell játszani...

Tanulod, mire vagy képes
Ez az állapot nem véges,
Ezt egy életen át kell játszani,
Mindig van mit javítani

MediBall titka

MediBall titka:
Lazán mozogni, akkor
Folyik a labda.

Varázs

A kőkapui varázslóképzőben csodának voltam tanúja,
Ahogy a sok tanonc a MediBallt tanulja,
Mindenki a maga varázsát csiszolja,
Hogyan legyen folyékony a mozdulata.

Semmiképp se szegje kedved,
Ha a labdát a földön és nem az ütőn leled.
Csináld újra, újra meg újra,
Míg a labda lesz az, ki megunja.
S arra megy majd, merre vezeti a kép,
És a MediBall varázsa működésbe lép.

A Nagy Sportágválasztó

Jön a sok lurkó a MediBallt kipróbálni,
Az oktató próbálja magyarázni,
Ami mozog, az nemcsak a kezed,
Az egész tested bele kell tenned.

Lazulj, élvezd a mozgást,
A tested majd megoldja a forgást.
Van, mikor a szülő az, ki jobban élvezi,
S van, hogy a gyerek visszajön játszani.

Önfeledten játszik mindenki,
Az sem baj, ha az ütőre kell várni,
S kérdezik, hogy kell ezt csinálni.
S a végén abba sem akarják hagyni.

A bajnokság

Elkapod a száguldó szervát,
Pörögsz, forogsz,
Ívesen dobod a labdát
Lágyan mozogsz.

Ez legyen a minta, mit követsz,
Élvezd a játékot, mint a gyerek.
Akár bajnok is lehetsz,
S ha csak játszol, az is remek.

Bajnok csak egy lehet.
Nyerni mindenki nyerhet.
Lehetsz második is, ha mindent megtettél,
Az út és nem a győzelem a cél.

A határ

Színezd újra, színezd újra.
A változás az nagyon durva, nagyon durva:
Ha tengely van és állapot van,
A szárnyalás az határtalan.

A táborban

A táborban korán reggel kelve,
Ki álmosan, ki energiával telve,
Ébresztettük magunkat az első edzéssel,
Mozogva ütővel és székkel.

Aztán reggeli (előkészítés) csoportosan.
Traccsolva aprítjuk a zöldséget, gyümölcsöt,
Művészi tálakat készítve komótosan.

Morran a szakács a sok kuktára:
A keze is járjon! Ne csak a szája!
Az asztalra téve finom étkeket.
Minket elkényeztetett.

Délelőtt elméletbe fogtunk bele.
Fejünk információval lett tele.
Balt, jobbat, keresztbe
Dolgozzon a két agyfélteke.

Délután formát tanultunk,
Ki egyest, ki kettest, ki újat is.
Lépj, forogj, forgasd az ujjad is.
Zárást, játékot gyakoroltunk.

Volt játék hálóval és nélküle,
Használtunk egy ütőt és két ütőt.
Nem kergetett be még az eső sem.

Este megbeszéltük a történteket,
Megnéztük a videofelvételeket.
Egy tündéri hang énekelni kezdett,
A vége csoportos éneklés lett.

Másnap furulya szólt a hegy felett,

Békével terítve be a völgyet.
Mindenki hallani akarta,
Volt, aki még a hegyet is megmászta.

Vizsga előtt az edzés estébe hajlott.
A labda már nem is látszott.
Visszaadni érzésre lehetett,
Mert a szem rosszul érzékelhetett.

A vizsganapon mindenki izgult egy s másért:
Ki maga miatt, ki másért.
Ki nem vizsgázott, szurkolt a társért.

A mester addig hajtotta a jelöltet,
Amíg mindent, mi benne volt, elővett,
Átlépve a határon, feljebb téve a lécet,
Mígnem magasabb szintre lépett.

Örültem a társak sikerének.
Remélem, egyszer a nyomukba érek.
Rengeteg a munka, mit át kell tenni a mindennapokba,
Már alig várom, hogy visszatérjek a táborba.

Kőkapu szelleme

A csarnokba lépve az arcom mosolyba öltözött,
A szívembe Kőkapu szelleme költözött
A sok ismerős arcot meglátva
Örömmel készültem a kemény munkára.

Dolgoztatunk izmot, szellemet fáradásig,
„Nem baj, ha kicsit fáj" – nem is érzem,
Mert a célt, az eredményt nézem.
Figyelmem tovább is megy, de legalább a társig.

Használom a képet, pakolom a gumiszalagot,
Egyet, kettőt, hármat, hatot.
Használom mindhárom tengelyt: rendelkezésre állok,
S ha tényleg úgy van, a föld felett szállok.

Keresgetem a pagodám öt szintjét,
Hogyan tudom erőfeszítés nélkül mozgatni,
Hogyan tudom a feszültséget feloldani,
Hogyan tudom növelni a belsőm csöndjét.

Mindenki keresi helyét a térben,
S szárnyait az égben,
Mellyel a külső csendet növeli,
Ha a súlyt helyesen kezeli.

Bent is csend, kint is csend,
Harmónia sugárzik és rend.
Mindenki varázsol. Ki kicsit, ki nagyot,
De minden varázslat nyomot hagyott.

Kívülről, lehet, zűrzavarnak látszik,
Mikor hetvenen gyakorolnak és a szavad sem hallik.
Amikor helyére kerülnek a dolgok,
Hirtelen elülnek a zajok.

Szívemben már két helyen érzem Kőkapu csendjét,
Tápiószentmárton is őrzi szellemét,
Továbbvíve a lángot,
Gyarapítva a MediBall családot.

Harmónia Háza

A Harmónia Háza,
Melynek Anna a gazdája,
Meghívott három napra,
Harcművész, MediBall szemináriumra.

Sajnos István mester csapata késett,
Közbeszólt a hó és az élet.
Aki megérkezett, az mediballozni kezdett,
Mindenki együtt edzett.

Este a mester megnézte, mire jutott a csapat,
Másnap keményen dolgoztattunk izmot és agyat,
Gyakoroltunk formát és elemet,
S mindenki érezni kezdte a teret.

Kőkapu szelleme itt is időzött,
Mindenki nagyot fejlődött.
Néztünk filmet geometriai formákról.
Közös ebédet ettünk kicsi kis tálkákból.

A végén az ajándékdoboz nagy öröm forrása lészen,
Mosolyt csalva mindenki arcára.
Anna és Laci kreativitásának hála
Időben lett készen.

A csend egyensúlya

Tudja a bal kéz, mit akar a jobb,
Főleg, ha a két agyféltekét összehangolod.
Mozgásod is vonzóbb,
A közönséget is elvarázsolod.

A sikernek magas az ára,
A varázsban rengeteg a munka,
De meglesz a jutalma:
Rálelsz a csend egyensúlyára.

Elméd elcsendesül, a kinti zaj is elül.
A kirakósod darabjait próbálod összetenni,
Van, ami a helyére kerül,
S van, amit nem sikerül beilleszteni.

Mindig van, amit keresel,
S időnként lehet, hogy elesel,
Felállsz és mész tovább utadon,
Mosollyal az arcodon.

Az érintés

Célod az, mit tudsz, azt a közönségnek megmutatni,
Lágyan mozog a labda, egyiket követi a másik íved,
A produkcióban ott van a lelked, a szíved
Nem akarsz mást, csak a MediBall-varázst adni..

Leesik a labda, a mozdulatot elrontod,
Mész tovább és teszed a dolgod:
A gyakorlat nem áll meg, folytatod.
Felállsz és nyugalmad sugárzod.

A hibát majd legközelebb kijavítod.
Odaálltál magad megmutatni,
A lelked egy darabját odaadni
Cserébe komoly tapasztalatot kapni.

Mindenki valamit nyerni szeretne.
Mindenki a tortának egy másik szelete.
S ha nem első lettél, akkor is gazdagabb lettél.
Az úton egy újabb lépést tettél.

A közönséget akarod érinteni
Egy másik világba repíteni.
Megmutatni a MediBall színes világát,
Érezzék ők is annak a csodáját.

Emlékkönyvbe

Ma volt a Spirit 3. nyílt napja
Ott volt a család apraja-nagyja
Lehetett próbálni nagyon sok jót:
MediBallt, felmérést, ételkóstolót,
Volt rengeteg jó előadás,
Verseny és egy gyönyörű kiállítás.
Kint vihar tombola,
Bent zajlott a tombola
Tartalmasan telt napunk.
Remélem, jövőre is találkozunk.
Minden jót kíván
Rajcsik Zoltán.

Tigris és sárkány

Mindenki elindult a MediBall sárga útján,
Versenyző, bíró, oktató vagy egyszerű gyakorló,
Az úton, mely inkább sziklaösvény, mintsem sétakorzó,
Mégis megéri, az eredményt látván.

Kitárul a varázslat ajtaja,
S hogy a nyílás mekkora,
Attól függ, milyen mélyen nézel magadba,
Mert benned van a varázslás hatalma.

Előhívott csodalények: tigris és sárkány,
Liliom, tűz, víz legyen bárhány,
Egységbe rendezi tengelyed,
Test-lélek harmóniája van benned.

Kisugárzik belőled a fénysugár,
A szivárvány egy színe vagy már,
Örvénylik a csoda az éjszakában,
Aki nézi, azt is beszívja magába.

A főnök

A gyerekek szeme csillog,
Nyílt szívvel tudnak mindent csinálni.
A felnőttön már ott a billog:
A keblüket nem tudják könnyen kitárni.

A fejeddel érezz, a szíveddel láss,
Az agynak ez új tapasztalás:
Most nem ő a főnök, valaki más,
Ez az érzés, ó, mily csodás.

Boldog születésnapot, TápióBall!

Bajnokságot rendeztek Nagykátán,
Odagyűlt ki a környéken tevékeny a MediBall háza táján.
Láthattunk szép egyéni formát kézváltással,
Drukkolhattunk gyereknek, fiatalnak, idősebbnek,
Odatette magát mindenki, beleadva szívét, lelkét.
Gyönyörködhettünk csoportos formában, bemutatóban.

Sok jó gyakorlatot élvezhetett a nagyérdemű,
Zsűri dolga most sem volt könnyű.
Ügyes volt mindenki, ki híddal, ki mással,
Látványos formáját adták a MediBall ismeretének.
Egyszer a technika, egyszer az érzés érinti az ember szívét.
Találni mindig valamit minden produkcióban.
Élvezetes mérkőzések hibákkal tarkítva,
Szórakoztattak mindenkit, de a forma még nincs elsajátítva.
Nagyon élvezte a játékot mindenki,
A szabályokat, szervezést még be kell gyakorolni.
Príma kis csapat a TápióBall csapata,
Olyan, ahol örömmel dolgozik a család apraja-nagyja.
Tapasztalatát két éve gyűjti, s a MediBall család tagja.

Tanulni akarnak és fognak.
Átadják a tudást a következő generációnak.
Példát mutatva cselekedni,
Információt átadva nevelni,
Ó, mily csodás az állapotra lelni.
Belső erőnket megpróbálni,
Alakot, testet, lelket mozgással formálni.
Lazán, feszültség nélkül mozogni,
Lélekben örök gyereknek maradni.

Erő

Mikor az egyensúlyt eléred,
Benned is valami megéled:
A kiegyensúlyozottságot megéled,
Csendes erő sugárzik belőled.

A pillanat varázsa

A MediBall áthatja élted, s csontodig lényed,
Tőle élesebben látod, mi a fontos, a lényeg.
A szabadság: a most, a tökéletes pillanat.
A többi, mint a kámfor, el is illanhat.

Bármire képes vagy, ha rendezed magad
Mikor szellemed szárnyal és a mostban létezel
Nem kell, hogy bárminek is magad megadd,
Nincs akadály, az idő egyetlen pont, mit élvezel.

S ha egyszer átélted az áramlat varázsát,
Reméled, áthatja majd életed minden pillanatát,
De addig is keresed annak a módját,
Hogy megoszd másokkal e mámorító csodát.

Görbe tükör

Nem tudod, hogy kell élni,
Csak arra emlékszel, hogy kell félni.
Nem tudod, mi a te nagy dolgod,
Mit kell a világnak adnod.

RajZol íveket rajzol,
Csendben teszi, nem nagyzol,
Akkor sem kiabál, mikor kellene.
Mikor sugárzik neki a csend, zene.

Fény költözik a szemébe,
Mikor ütő kerül a kezébe,
Vele van az erő, mely áthat,
Segíthet is, és árthat.

A fény utat tör magától,
Akkor is, ha a szokásod gátol.
Egyensúlyt teremt a figyelem ereje,
Az izom, a szív, az agy együttes tengelye.

Együtt-egyek

Más vagy, mint a többi, mindannyian mások vagyunk.
Van lelkünk, fejünk, lábunk és két karunk
Kiállunk a pódiumra, mert adni akarunk,
Cserébe mi is egy csodát kapunk.

Ha a produkció nem úgy sikerül,
Ne feledd, nem vagy egyedül.
Veled vagyunk sokan,
Segítünk mindannyian.

Szárnyalás

Engedd el magad, a feszültséged hadd menjen,
Dobd ki a szemetet fejedből, az arcod kisimuljon.
Rendezd tengelyed, súlyod a csontokon legyen.
Lábad a földdel, fejed az éggel kapcsolódjon.

Mikor ezt megteszed, energiával töltődik tested.
A föld felett fogsz szállni, hihetetlen dolgokat csinálni.
Áramlik minden körülötted, felszabadul lelked.
Másként kezded a teret is látni, másként mozogni, járni.

Befogadsz, és cserébe magadból adsz.
Fejed tiszta, nem zavar semmi,
Testben is kiegyensúlyozott maradsz.

Lélekben is könnyű sugárzónak lenni.
Betöltöd a teret, élvezed a csendet,
Élvezed a mozgást, élvezed a rendet.

Zenél a csend

Zenére mozogsz, mozdulataid mesélnek.
Mondanál valamit, de nem tudsz, a zajok elülnek.
Tested rendeződik, a mozdulat bűvöl

Izmaid fáradnak, agyad füstöl.
Szárnyaid nőnek, hála a sok inspiráló társnak.
Sugárzó mosolyod erőt ad másnak.

Némán beszélsz, sűríted a csendet.
Örömöd áthatja mozgásod.
Betöltöd a teret.

A csend ereje

A zene nem a hangszórókból, benned szól.
Erő sugárzik belőled, úgy hullámzol.
Jelen vagy a térben.
Test, lélek egységben.
Többé válsz a csenddel,
Eggyé válsz mindennel.

Óriás

Köszönöm, hogy a válladra állhatok,
S így a horizonton túlra láthatok,
A lábamra állhatok, lelkem mélyére szállhatok,
S önnönmagamra rátalálhatok.

Köszönöm, hogy leláthatok a mélybe,
Ezáltal szállhatok fel az égbe,
Szabadon szárnyalva a szélben,
Mosolyt ébresztve a néző lelkében.

Fergeteges táncot jár a sánta,
Feledve, hogy sérült a lába,
A vak rádöbben vakságára:
A csodát nem a szemével látja.

Bárki képes rá, hogy megcsinálja,
Ha rátalál valódi önmagára.
Állj a vállamra és légy a fáklya,
Ezt a csodát mindenki lássa.

Mosolydal

Mosolyogj, mert mosolyogni jó,
Morcosnak lenni fárasztó,
Ne azért mosolyogj, hogy bánatod elfedd,
Hanem mert örül a lelked.

Mosolyogj mindenképp.
Ha esik, ha fúj, meleg vagy hideg van épp.
Éld az életed, örömmel teljen szíved,
Mosolyogj, ne feledd, örömmel teljen lelked.

Táboravató

Idén új helyre költözött a tábor,
Más munkám miatt maradok távol,
Lélekben ott vagyok veletek.
Kívánom, sokat fejlődjetek.

Szívetekben az új oly fontos legyen, mint a régi,
Mit egy szóval tudtunk felidézni,
E hely őrizzen ragyogó, színes emlékeket,
Hol nem lehet csinálni, csak sápadt fakó fényképeket.

Légyen ámulat, mikor a csend erősödik,
Mikor a varázslat az égig emelkedik.
Váljatok óriássá, kinek széles a válla,
S ragyogjatok, mint megannyi fáklya.

Tábordal

Szemedben a tűz,
Mely utadon űz.
A tábor a nyugalom szigete,
Hol erőt nyer lelked ereje.

Építed magad, hogy óriássá válhass,
Hogy bölcsen a messzeségbe láthass,
Masszívan a lábadra állhass,
Bizton az utadon járhass.

Az út göröngyös és nehéz,
De mindig van segítő kéz.
S bár utadon csak egyedül járhatsz,
Köztünk mindig lesz támasz.

Szíved örül, a küzdelem megéri,
E fáradságot nem tudod elcserélni,
Általa tudsz jobb emberként élni,
Egy jobb világba belépni.

A csend hatalmát kutatni.
Másokkal a MediBall örömét megosztani,
Arcukra mosolyt varázsolni,
A mozgás örömét megmutatni.

Az ébredő erő

Mit érzek, az el nem mondható,
Mert nincsen rá megfelelő szó.
Mikor biztosan uralod a tested,
És csendes, nyugodt a lelked.

Magabiztos minden tetted,
Mert magadat odatetted.
Ébred benned az erő,
Mely a Szellemet hívhatja elő.

De ha nem, ez erő akkor is tied,
Mely megadja a hited,
Képes vagy tenni, kiállni,
Előremenni, és csinálni.

A ciklon szeme

Aki békében van magával,
Békében van a világgal,
Tomboljon kint bármilyen vihar,
Ha bent mindent a csend ural
Kinek szívén át lát a ciklon szeme,
Annak antenna a tengelye,
Fent is lent is van ereje,
S másnak is ad belőle.

Az igazi erő

Velem az erő, de jut belőle másnak,
Megtalálják, kik a lelkük melyére ásnak,
Segítek azt a felszínre hozni,
Szeretek másnak is örömet okozni.

A csend szava

Dübörgő csend ül
az egész teremre,
Zaj sem csendül,
Békét teremtve.

Muzsikál bent a csend.
Kint is alakul a rend.
Mikor összerakod magad,
Csak a sugárzó egyensúly marad.

Hárfa húrjai pendülnek,
A lelkek egymásra rezdülnek,
A rész több lesz, mint egész,
meghaladva önmagát,
A közösbe téve a saját hangját.

Szelek szárnyán

Szelek szárnyán száll dalom,
Ahogy ütőm forgatom,
Lelkem húrjai zengenek,
Körülöttem mosolygó emberek.

A MediBall mosolyt csal szívembe,
Erő költözik minden sejtembe,
Harmónia a testembe, lelkembe,
Amit átadok neked: fogadd be.

Egy jó képlet

Egy jó képlet: egy jó kép lett,
ha a kép az oldalra kitett kép:
a két oldalra kitett kéz, a láb épp
mikor kell, akkor lép.
Egyen van súly,
a másik mozog, van egyensúly.
Az elmélet ez, a gyakorlat döcög még, de alakul,
mert jó elvet vettem alapul.

Szójáték

Írnék ma is rímeket,
De valahogy csikorognak a kerekek,
Ahogy fejem felemelem,
Nevem hiába fejedelem,
Ma nem az agy úr
A nagyúr.

A fejed: elme,
Tested fejedelme,
De a király a szív,
A szívkirály hív.

Szív, izom, agy,
Érzés, erő, értelem vagy,
E három valamit csak együtt ér,
Ha egységben együtt él.

Mikor az egyensúlyt megtalálod,
Széppé válik a világod,
Szavad nem lesz üres többé,
E hatalom tesz téged bölccsé.

Lipecki Virtuózok

Szívemben örömmel mosolygok,
Ha a Lipecki Virtuózokra gondolok,
Kik messzi földről jöttek magukat megmutatni
S közben új dolgokat megtanulni.

Csendes erő

Kezedben MediBallütő, melyből mint jedikardból sugárzik az erő.
Légiesen mozogsz, nem mágia, amit művelsz, nincs mágnes sem, labdát delejező.
Nem vagy Superman, sem Angyal vagy Varázsló, mégis a föld fölött szállsz,
Nyugalom árad belőled, élvezed a mozgást: pörögsz, forogsz, leülsz, felállsz.
Mozog minden, aminek kell, bejárod a teret, amivel rendelkezel.
Mosolyogsz.
Jelen vagy a térben, itt és most, erre, míg élsz emlékezni fogsz.

Vízparti béke

Víztükrön csillan a fény,
A lemenő nap csodás élmény,
Része vagy te is a tájnak,
A vidéket uraló kecsnek, bájnak

Víz hátán lágy fodrot vet a szellő,
Parton MediBallt gyakorol egy sellő,
Nézed a vízparti varázslatot,
S a harmónia áthatott.

Beszívod a sejtjeidbe a csendet,
Szívedbe a nyugalmat, agyadba a rendet,
A kívül holt táj, az belül eleven,
Béke lesz úrrá az emberen.

Biztos

A biztos pontot, honnan a sarkából fordíthatod ki a világot,
magadban lelheted.
Ha összerendezed három központod és három tengelyed.
Nem kell félned ez újtól, mely megrengeti világod, mert amit
kapsz,
Sokkal többször visszakapod, mint ahányszor adni tudsz és adsz.
Mert képes vagy rá, itt könnyű tenni, bölcsnek, igaznak, erősnek
lenni.
Önmagad igazi erejére rálelni, s mély csendet teremteni.
Egy csodás világ tárul eléd, hol nem kell félned, hol a tét nem a
létezésed,
Amit kaptál, szétosztod, az ÉLETET éled, s ezt a békét véded.

Apró lépés

Olyat tapasztaltál, amit eddig nem láttál?
Oly útra léptél, hol még nem jártál?
Mit szeretnél, csinálni képtelen vagy?
Úgy érzed, tested cserbenhagy?

Használd egód, ha kell, de ne legyen Júdásod.
Élesítsd bátran érzékeid.
Mélyen belül keresd értékeid.
Annál, mit hiszel, nagyobb a tudásod.

Bátran lépj egyet, de ne egyből hatot.
Mikor kis fényt látsz, ne akard rögtön a napot.
Mélyre le, aztán magasba fel.
Az utat apránként fedezd fel.

A kudarc csak akkor az, ha annak érzed
Ha tanulsz belőle, nagy erőt ad,
Mit nyerhetsz, azt nézzed.
S akkor csak az öröm marad.

Kicsi zöld sárkány

Képzeleted képeit követi a kicsi zöld sárkány:
Ív, félkör, harmónia, nyugalom nem mutatvány.
Ez a hatalmad, lelked fénye, drágakőzárvány.

Egyéb versek

Névnapra…

Kedves Anita!

Mindenki téged ünnepeljen ma,
Június másodikán a neved napján
Neved, tudod-e, honnan ered?
Hébert becézett a spanyol latinos hévvel,
A Hannah-ból alkotva újat az Anita névvel,
Melynek jelentése kegyelem.
S bár a versírás nem kenyerem
Köszöntsön e költemény,
Mit megírni nem nagy lelemény,
Csak baráti gesztus csupán.
Üdvözlettel Rajcsik Zoltán

Éva

Asszonyok asszonya: Éva,
Te bűnbecsábító léha „némber 1." (Nr. 1)
Köszöntésed napja van.
Ünnepeljen mindenki a neved ünnepén
December huszonnegyedikén.

Veronika

Kedves Vera,
Téged ünnepeljen mindenki ma
A neved napján,
Január tizenharmadikán
Nem tudom, tudod-e,
Mi neved eredete.
Jelentése: győzelmet hozó
Ennek jegyében teljen napod.
Mit kívánsz, azt megkapod.
Legyen e napod sugárzó.

László

Éljen ma minden László,
Nekik lengjen a sok zászló.
Köszöntse őket rímség
Június huszonhetedikén,
A nevük ünnepén.
Nevük ered Szlávországból,
Magyarítva Wladislavból,
Melynek jelentése:
Hatalom, dicsőség.
Ezzel értem a vers végére,
Kezdődjék az ünnepség.

Zsanett

Kedves Zsanett,
Néked üljön ma mindenki ünnepet,
Május harmincadikán,
A neved napján.
Tudod-e, gyönyörű nevednek,
Gyökerei honnan erednek?
Kicsinyítve becézett a francia, délvidéki hévvel,
A Johannából alkotva újat a Zsanett névvel,
Melynek jelentése: kegyelmezett.
S a János női párjából keletkezett.

Zoltán

Zolta, Géza nagyapja,
Országlása ismeretlen,
Leírva nem lett históriája.
Taksony, a fia, fejedelem.
Árpádnak fia volt,
Nevezték úgy is, Solt.

Zsófia

Zsibongó jelenség,
Ógörögül bölcsesség,
Finom kellem,
Intelligens szellem,
Arisztokratikus jellem

Rózsa

Réges-régről ered neve
Ókorban már ezt jelentette
Zsibbaszt virága, ha szorítod kezed
Adj neki teret, s királynővé teszed

Vanda

Vidáman csillog szeme, vad nőt jelent neve.
Alapos tudást rejt feje, mégsem villog vele.
Nagy szívét használja, s érzéseit nem bánja.
De akárki nem látja lelkét, óvja e kincsét.
Aki a kulcsot megleli, benne barátját tiszteli.

Nem írok újabb köszöntőt

Nem írok újabb köszöntőt,
Mellyel ünnepelve van a köszöntött.
Csak kívánom, legyen szép napod,
S kedved szerint teljen névnapod.

Születésnapra

Születésnap

Eltelt egy év, talán bölcsebb lettél, talán nem.
Számadással magadnak tartozol, másnak nem.
Tapasztalat építi az embert, s méri meg erejét,
Szívét, lelkét, érzéseinek kusza erdejét.

Álmod ne feledd soha, ha valóra vált, álmodj újra.
Építs fel egy szép világot, minek a mosoly az ura.
Éld az életed, élj a mának, a most uralja tetted.
A múlt mondja: ki vagy, a most: merre kell menned.

Kívánom, élted legyen hosszú, teljes és kerek.
Tiszta szívemből halkan köszöntelek.
Váljon válóra minden álmod.
Teljesüljön minden kívánságod.

Nőnapra…

Nőnap

Március 8.: éljenek, a lányok, asszonyok, nők.
Legyenek ünnepelve ők,
De ne csak az év ezen egy napján illesse őket tisztelet.
Mindennap hangozzék el a köszönet:
Hogy vannak ők, a nők.

Azért írtam e köszöntőt, hogy köszöntsem a nőt,
Legyen bár harcos amazon, vagy szelíd bárány,
Ismerhető, vagy ezer talány,
Anya vagy gyermek, asszony vagy leány,
Mind illesse tisztelet őket,
Kik jobbá teszik az életet, a nőket.

Egy esküvőre...

Szerelem

A szerelem furcsa talány,
Összeköt két lelket,
Ahogy eső után a szivárvány
Befedi az eget.

Miért épp őket kell összekötni,
Nem tudhatja senki,
Ezért mint drága kincset
Őrzik a szerelmet.

Nincs más vágyam:
Őt boldognak lássam:
Gyöngéd ölelés,
Ezer tűvel bizsergető érintés.

Szebb tőle a világ,
Néznem is boldogság.
Birtokomban az ígéret,
Előttünk az élet.

Nekünk találkozni kellett,
Így akarta a Végzet,
Közös jövőnk: a kezdet,
Mely erősíti a köztünk lévő köteléket.

A téged védelmezés
Szívszorító érzés,
Óvni esőben, szélben,
Perzselő napsütésben.

Félkarú óriás lennék nélküled,
A világ ura vagyok veled.
Dáriusz kincse sem kell nekem,
Ha te itt vagy velem.

Kívánság

Az ember társas lény, mondja a fáma,
S mégis nehezen talál párra,
Kivel leélheti az életet,
Egyesítve testet, lelket.

Az elején van rózsaszín köd körülöttetek,
S hogy a végén is legyen,
Azért dolgozni kell keményen,
Hétköznapokkal is meg kell küzdjetek.

A küzdelem megéri,
Boldogságban élni,
Hosszú életet megérni,
Az unokát bálba kísérni.

Kívánok e küzdelemhez bölcsességet,
Őrizzétek a szerelmi lángot,
Mely szebbé teszi a világot,
Mint drága kincset.

Egy temetésre…

Búcsú egy ismeretlen jóbaráttól
(Ötvös Misi emlékére)

Kedves Misi, mi nem ismertük egymást,
Rövid életed alatt elértél egy s mást,
Mit sokan hosszú élet árán,
Nyomot hagytál magad után.

Jókedved, szerénységed mindenkire hatott,
Kemény munkád sikert aratott.
Tested elment, de szellemed itt ragad,
Azok közt, kik szerettek, örökké marad.

Benyomások…

Mosolygó kép – mosolygok épp

Untam már a mogorva képem,
Mosolygósra cseréltem fényképem,
A fotósnak hála, mert elkapta a pillanatot,
Mikor egész testtel mosolygok ott,
Dacára, hogy a vaku villantott.

Fájdalmad engedd el

Harminckét évem rég elszelelt,
Havi kétszáz sose telt,
A szerelem soha meg nem lelt,
Az életem félelmekkel telt.

Kerestem, tanultam sírtam, nevettem.
Mentem, csoszogtam, futottam, elestem.
Felálltam, felnéztem, a titkot, ha ellestem,
Fájdalmam engedtem, nyugalmamat megleltem.

Az egyensúlynak hála rendeződnek a dolgok,
Egyre biztosabban tudom, mit akarok.
Bolyongok az alagútban, de a végén fényt látok
A bajban, ha kell, segítenek a barátok.

Bölcsesség

A múltad mondja meg, ki leszel,
Merre mész, azt te döntöd el.
Ne nézz hátra, csak előre,
Bízni kell a jövőben.

Élj a mának, de legyen holnapod,
Nem tudhatod, melyik az utolsó napod.
Minden napod legyen egész,
Akkor életed kárba nem vész.

Bölcs tanácsok, mondhatom.
A bőrömből ki nem bújhatom,
Magyar vagyok: pesszimista.
Hogyan legyek optimista?

Tudni, érteni és tenni.
Arra kell törekedni:
Hogyan kell a célt elérni.
Így lehet bölccsé lenni.

Tudom a titkok titkát:
Mindenki szeresse magát.
Ki jóban van önmagával,
Az megbékél a világgal.

Én még csak az út elején járok,
Keresem azt, melyen célba találok,
Ha majd igazán magamra találok,
Akkor talán bölccsé válok.

Tükör-kép

A kép két fele,
A szemet húzza kétfele,
Mint a lélek két fele.

Nem tudod, melyik csalfa, melyik igaz,
Tán mindkettő, tán egyik sem az.
Együtt alkotnak kerek egészet,
Így őrzi meg az emlékezet.

Nincsen szín, csak hangulat,
Pillanatnyi lenyomat.
Feketén-fehéren érzés és benyomás,
Csend és barangolás.

Negyven év

Negyven évem gyorsan elszelelt, és havi biztos kétszáz sose telt,
Elmúlt az életem harmada, ami napokban sok, években csak egy
garmada,
Az is lehet, hogy az életem fele, s még mindig nem tudom, mit
kezdjek vele,
Keresem azt, mire való éltem, mit tegyek azzal, amit eddig
megéltem.

Lehet, hogy a célt nem találom meg soha, mert az csak az út
irányát mutatja,
A fontos az út, a keresés vagy épp a felismerés, ami nem is
kevés.
Megismerni saját határaid, a maguk teljességükben megélni
napjaid,
Életre szóló feladat, munka, s nem mindig csupa kacagás és
móka.

Lehet, hogy lusta vagy és elszalasztod a pillanatot, mely csak
egyszer adatott.
Lehet, hogy a földre kerülsz és elesel, de máris kapaszkodót
keresel.
Felállsz, felemeled mosolyogva fejed, semmi mást, csak a
dolgodat teszed:
Próbálsz ember maradni egy embertelen világban. Békét találni e
kuszaságban.

Az egyensúlyt keresed: egységben a szíved, a tested, a lelked.
Mikor megtalálod, csend vesz körül, kívül s belül mindened örül.
S lehet, sötét felleg is feletted, akkor sincs zaj körötted,
S mindenkire sugárzik örömed, mert belső erődet meglelted.

Gomolygó füst

Állsz a parton merengve,
A csillaghullást figyelve:
A sok kő, mint megannyi könnycsepp aláhullva,
A tó tükrét összezúzza,

Összetörve az ezüsthidat,
Mellyel a holdfény vonta be a tavat.
Nem érzed a zivatart, mely enyhíti a forróságot,
Csak a szívedben gomolygó füstöt látod,

S nem a pislákoló gyertyalángot.
Az életben vajh, a helyed megtalálod?
Vagy bőröd alá kúszik a rettegés:
Múlik az idő, s ami van, kevés.

Van álmod s életed?
S az álmot élni mered?
S az életeddel el tudsz számolni?
Vagy nem tudsz mást, csak álmodni?

Téli táj

A nap aranyló sugara csillan a tavon,
Lépted csikordul a csillámló havon.
Roppanó robajjal robban a csendbe,
Madár röppen, mókus rebben ágról felijedve.

Mozdulni nem mersz,
Lélegzetfojtva figyelsz,
Beolvadsz te is a tájba,
Ha szíved nyitott a csodára.
Nézd, a holt táj mily eleven.
Nyugalom lesz úrrá a rohanó emberen.

Karácsony

Szálljon béke minden házra,
Legalább ma éjszakára.
S annak is jusson a melegből,
Kinek már nem jutott a tetőből.

A zúgó szavú szélszörnyeteg
Átsuhan a városon förgeteget kergetve,
Hogy a fekete utcát tiszta lepellel borítsa be,
S a mocskot fedje fehér hószőnyeg.

Állsz az ablaknál merengve,
A szürke felhőt s a fenyőt figyelve.
Kint zord hideg, bent bögre melegíti kezed,
Azokra gondolsz, kik nincsenek veled:

Akik nem jönnek, mert tőlük messze lakhelyed,
Akik már elmentek, és nincsenek, csak benned,
S akikhez mész, vagy hozzád jönnek – ha vannak –,
Kikkel együtt örülsz a karácsonynak

Nézed a fénylő szemeket,
S a bennük csillogó örömet,
Boldog vagy, hogy tudtál adni
Annak, ki számodra fontos.
S a te ajándékod csíkos vagy foltos,
Nem számít, mert jobb adni, mint kapni.
Örülsz, hogy látod a családi hangulatot,
S őrzöd az elszálló pillanatot.

Ünnep

Tárd ki szíved az ünnepre,
Öltöztesd lelked díszbe.
Adj. S lásd az örömet,
Mi az adomány gyümölcse.
Szívedet, a szeretet
Az, mi most eltöltse.
Így a csendnek is van értelme,
A magánynak sem keserű az íze.
Mosolytól csillog mindenki szeme,
Ha az ünnep hétköznap sincs feledve.

Anyák napi köszöntő

Orgona ága, öltözz új ruhába
Anyák napja hajnalára,
Borulj rá minden édesanyára
Hajába dísznek, övnek derekára.

Huncutul csillogjon szeme,
Ahogy gyermekére esik tekintete,
Akitől más lett az élete,
A szeretet parancsát teljesítve.

Szíve teljen meg örömmel,
Útját vigyázza a szeretet,
Fénye vetüljön rá a gyermek arcára,
Ki szeretettel gondol az édesanyjára.

Az orgona az anyák kedvenc virága,
Örömmel teljen meg a szíve világa,
Sugárzó mosolyt varázsoljon arcára,
S ez maradjon meg minden napjára.

Szilveszter

Meghalt a királynő, éljen a királynő.
Becsülve a régit, köszöntni az újat:
A nép zenével, tánccal mulat.
Viszlát óév, szervusz újesztendő!

Rodolfo

„A kezemet figyeljék: csalok" – szólott.
Hiába néztem én, mindig becsapott.
Kevés nagyobb úriember volt nála,
Pedig a szemfényvesztés volt a szakmája.

Ő csak szórakoztatott.
Szerényen és utánozhatatlanul.
Vidámságot varázsolt.
A néző az ő királya volt.

A közönség feledte búját-baját,
Szájtátva leste a mágusok mágusát.
Számos trükkjét felfedte,
Az illúziót mégsem rombolta le.

A találkozó

Annyi arc ismerős, vagy tán mégsem az.
Téged ismerlek, de ő, ki az?
Húsz év az sok idő, az életünk fele,
Egy pillanat alatt elrepült, gondoljunk bele.

Öregebbek lettünk, bölcsebbek is talán.
A csibészből ember lett, hogy hogy, az talány,
Benőtt a fejünk lágya, anya lett az ember lánya.
Szemvillanás alatt mentünk vissza diákba.

Őszül a haj, a szakáll, vannak nevetőráncok,
Szóba kerülnek a szalagavató táncok.
Negyvenéves fejjel működik a húszesztendős szív,
Egy kép, egy emlék egy másikat is felszínre hív.

Mindenki meséli, mi minden történt vele:
Mi a munkája, van-e társa, gyereke.
Mivel is telt az elmúlt húsz esztendeje.
Elkészült a tabló. Itt volt az ideje.

Az a négy év mindenkit meghatározott
S lehet, az élet már mindenkin nyomott hagyott,
Aki ott volt, vidáman sztorizott,
Az időben két évtizedet visszautazott.

Aki nem, azt várjuk a következőre.
Emlékezni a „boldog békeidőkre".
Viszontlátni az osztálytársakat,
Kikkel együtt koptattuk a padokat.

Ünneputó

Forraltbor-illat száll, citrommal vegyítve,
Orosz pezsgős üveg durran dugót repítve,
Csontsovány fenyőfa száradt a fal tövében,
Feledve, mi egykor volt szépség, zöld karácsonyfa.
Süvít a múlt szele, lengedez a jövendő lehelete.
Ne feledd, a jóság képes eltörölni a rosszat, ha
Vigyázol a lelkedre, s emlékszel az ünnepre.
Csoki, virág, randevún egy szépséges tünemény.
Hord a szívedben őt, a nőt, s akkor van remény:
Alkotni egy szép világot, hol nemcsak az írás,
De a szó és az érzés is erős, ez nem vitás.

Öröm tano^(')da

Hallod a tücsköt zenélni a lábadnál?
Vagy leragadtál fent a kabócák zajánál?
Észreveszed eső után a vízcseppet a levélen,
Vagy csak a tócsát látod, melybe beleléptél éppen?

Szíved keserű és fájdalommal van tele?
A szomorúságnak és dühnek is megvan a helye.
De tudd, ettől fogy életed ereje,
Ne hagyd, hogy uraljon. S ez legyen létednek veleje.

Mindenki más zsákot cipel a hátán,
Nem vihetem a tiedet, sem másét.
Lehet, szörnyülködnél az enyém láttán,
Vagy mert neked könnyű lenne, nem érzed terhét.

Nem vagyok sem okosabb, sem bölcsebb nálad,
Csak úgy látom a világot, ahogy tán még nem láttad,
Próbálok a mostban élni. A világot csendben szemlélni.
A belső harmónia hangjain békességet zenélni.

Tanulom a mosolyt élvezni, az örömet a sejtjeimben érezni,
Az apró dolgok örömét megélni. Az élettől nem félni: boldogan
élni.
Néha, mikor előtör belőlem az öröm fékevesztett sárkánya,
A föld felett szárnyalva nézek az előbb még zord világra.

www.ingramcontent.com/pod-product-compliance
Lightning Source LLC
Chambersburg PA
CBHW060403050426
42449CB00009B/1873